Impressum
Verlag: BABADADA GmbH, Nedderfeld 112 , 22529 Hamburg
Geschäftsführer / Verlagsleitung: Harald Hof
Druck: Books on Demand GmbH, In de Tarpen 42, 22848 Norderstedt

Imprint
Publisher: BABADADA GmbH, Nedderfeld 112 , 22529 Hamburg, Germany
Managing Director / Publishing direction: Harald Hof
Print: Books on Demand GmbH, In de Tarpen 42, 22848 Norderstedt

koulu

سکول

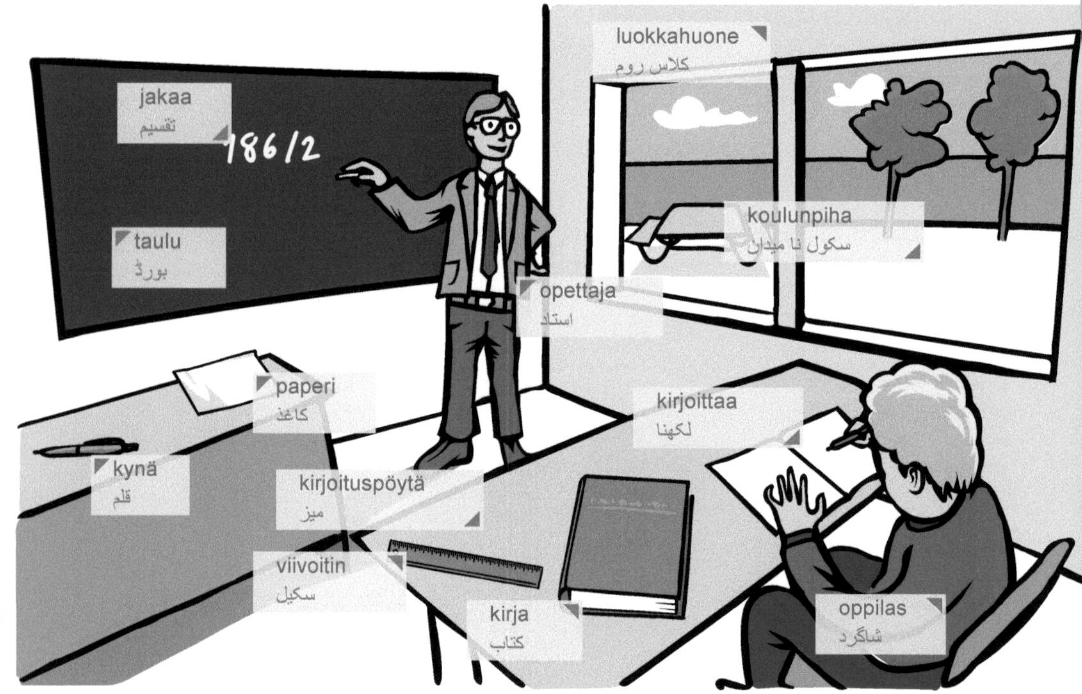

luokkahuone
کلاس روم
jakaa
تقسیم
186/2
taulu
بورڈ
koulunpiha
سکول نا میدان
opettaja
استاد
paperi
کاغذ
kirjoittaa
لکھنا
kynä
قلم
kirjoituspöytä
میز
viivoitin
سکیل
kirja
کتاب
oppilas
شاگرد

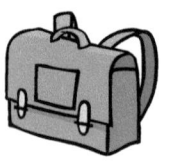

reppu

جزدان

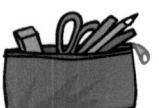

penaali

پینسل دا ڈبہ

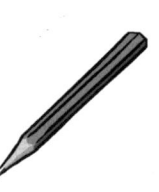

lyijykynä

پینسل

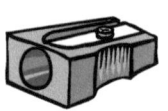

kynänteroitin

پینسل شارپنر

pyyhekumi

ربر

piirustuslehtiö

ڈرائنگ پیڈ

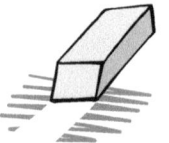

piirustus

ڈرائنگ

pensseli

پینٹ برش

vesivärit

پینٹ باکس

sakset

قینچی

liima

گلو

harjoituskirja

مشقی کتاب

kotitehtävä

گھر دا کم

luku

عدد

lisätä

جمع

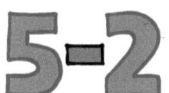

vähentää

تفریق

kertoa

ضرب

laskea

کیلکولیٹ

kirjain

خطره

aakkoset

حروف تہجی

hello

sana

لفظ

teksti

متن

lukea

پڑھنا

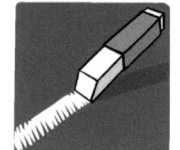

liitu

چاک

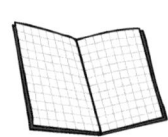

oppitunti

سبق

opettajan muistikirja

رجسٹر

koe

امتحان

todistus

سند

koulupuku

سکول نی وردی

koulutus

تعلیم

sanakirja

انسائیکلوپیڈیا

yliopisto

یونیورسٹی

mikroskooppi

مائیکرو سکوپ

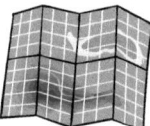

kartta

نقشہ

roskakori

کچرے نا ڈبہ

matka
سفر

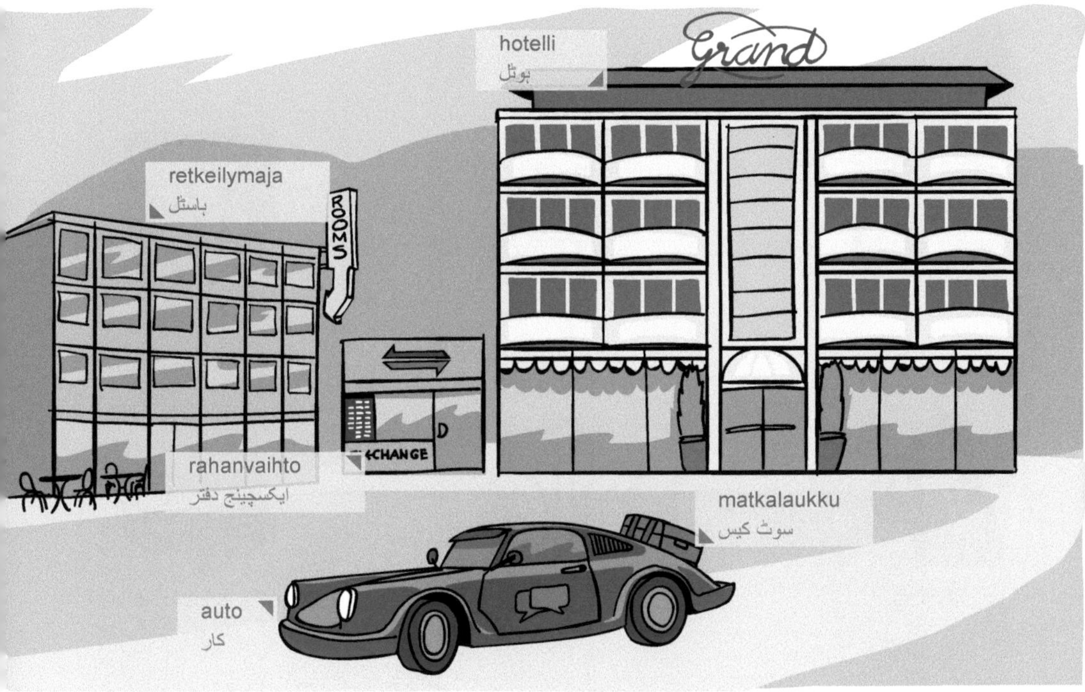

hotelli
ہوٹل
Grand
retkeilymaja
ہاسٹل
ROOMS
EXCHANGE
rahanvaihto
ایکسچینج دفتر
matkalaukku
سوٹ کیس
auto
کار

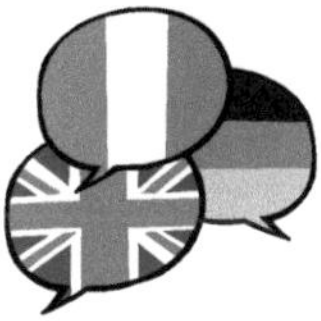

kieli
بولی

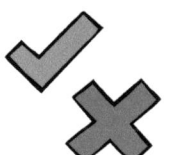

kyllä / ei
ہاں /نئیں

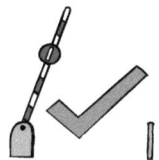

selvä
ٹھیک ہے

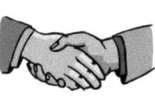

hei
اسلام و علیکم

tulkki
ترجمان

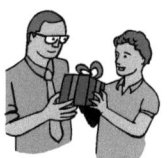

kiitos
شکریہ

Paljonko...maksaa?

ایہہ کنے نے ؟

en ymmärrä

می سمجھ نئیں رلی

ongelma

مسئلہ

Hyvää iltaa!

اسلام و علیکم

Hyvää huomenta!

اسلام و علیکم

Hyvää yötä!

اللہ حافظ

näkemiin

اللہ نے حوالے

suunta

سمت

matkatavarat

سامان

laukku

بیگ

reppu

بیک پیک

vieras

مہمان

huone

کمرہ

makuupussi

سلیپنگ بیگ

teltta

خیمہ

turisti-info

سياح لئى معلومات

ranta

ساحل سمندر

luottokortti

كريڈٹ كارڈ

aamupala

ناشتہ

lounas

دوپہر نا كھانا

päivällinen

رات نا كھانا

matkalippu

ٹكٹ

hissi

لفٹ

postimerkki

مہر

raja

بارڈر

tulli

كسٹمز

suurlähetystö

ايمبيسى

viisumi

ويزا

passi

پاسپورٹ

kuljetus

ٹرانسپورٹ

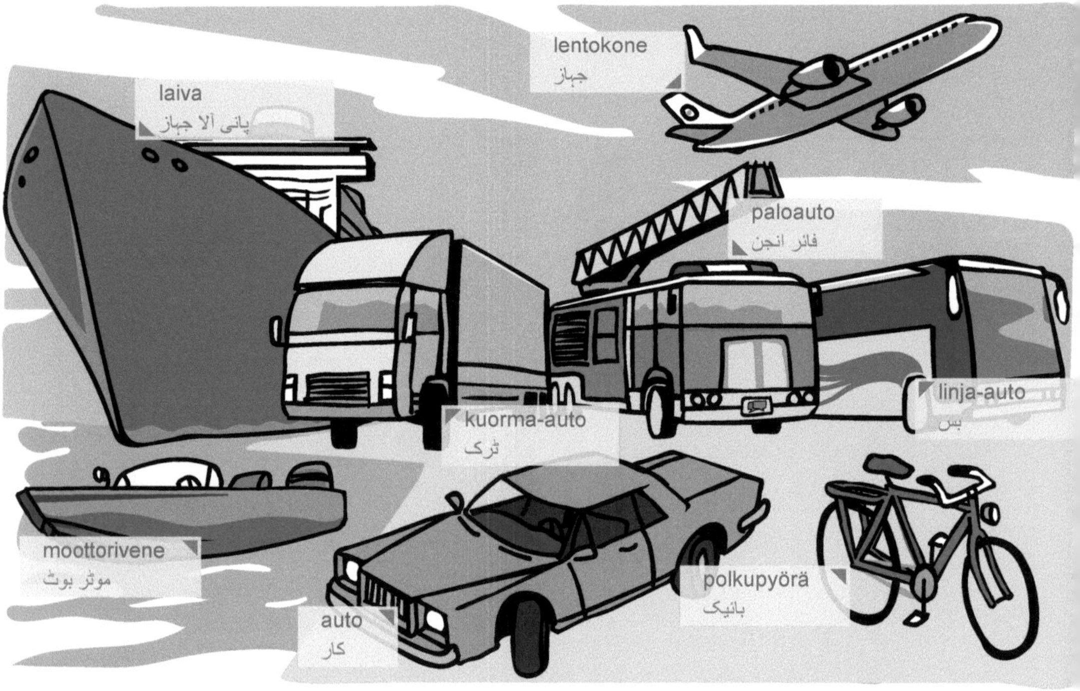
lentokone
جہاز
laiva
پانی آلا جہاز
paloauto
فائر انجن
linja-auto
بس
kuorma-auto
ٹرک
moottorivene
موٹر بوٹ
polkupyörä
بائیک
auto
کار

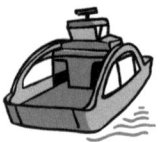

lautta

فیری

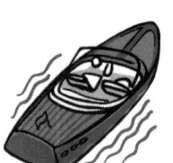

vene

کشتی

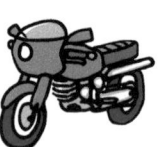

moottoripyörä

موٹر بائیک

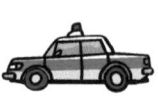

poliisiauto

پولیس کار

kilpa-auto

ریسنگ کار

vuokra-auto

کرایہ نی گڈّ

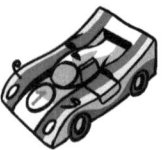

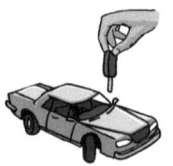

car sharing

کار شئیرنگ

hinausauto

بریک ڈاؤن ٹرک

roska-auto

ریفیوز ٹرک

moottori

موٹر

polttoaine

فیول

huoltoasema

پٹرول سٹیشن

liikennemerkki

ٹریفک سائن

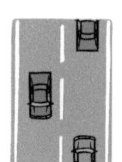

liikenne

ٹریفک

ruuhka

ٹریفک جام

parkkipaikka

کار پارک

rautatieasema

ریل سٹیشن

raiteet

ٹریکس

juna

ریل

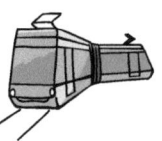

raitiovaunu

ٹرام

vaunu

کیرج

helikopteri

بیلی کاپٹر

lentokenttä

انر پورٹ

lähilennonjohto

مینار

matkustaja

مسافر

kontti

کنٹینر

pahvilaatikko

کاٹن

kärryt

چھکڑا

kori

بالٹی

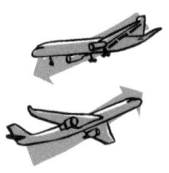

nousta / laskea

اڑنا / لبنا

kaupunki

شہر

kylä

پنڈ

keskusta

سٹی سینٹر

talo

کھار

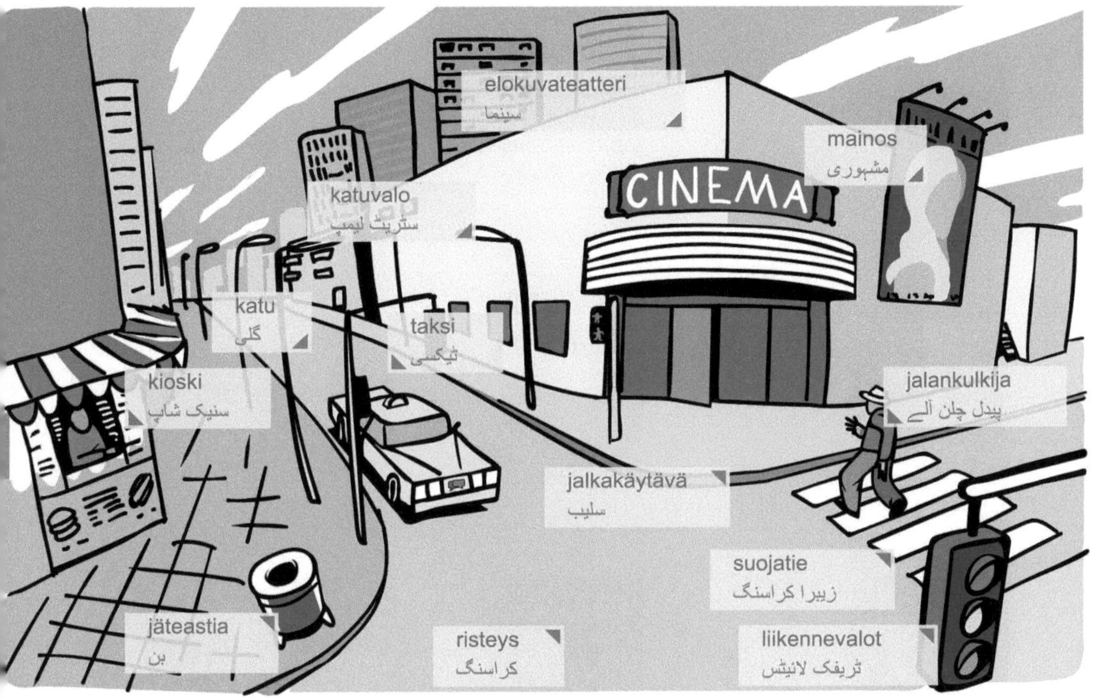

elokuvateatteri
سینما

mainos
مشہوری

katuvalo
سٹریٹ لیمپ

katu
گلی

taksi
ٹیکسی

kioski
سنیک شاپ

jalankulkija
پیدل چلن آلے

jalkakäytävä
سلیب

suojatie
زیبرا کراسنگ

jäteastia
بن

risteys
کراسنگ

liikennevalot
ٹریفک لائیٹس

mökki
....
ہٹ

kerrostalo
....
فلیٹ

rautatieasema
....
ریل سٹیشن

kaupungintalo
....
ٹاؤن ہال

museo
....
میوزئیم

koulu
....
سکول

kaupunki - شہر   11

yliopisto

یونیورسٹی

pankki

بینک

sairaala

ہسپتال

hotelli

ہوٹل

apteekki

فارمیسی

toimisto

دفتر

kirjakauppa

کتب خانہ

liike

ہٹی

kukkakauppa

پھلاں الے

supermarketti

سپر مارکیٹ

tori

بازار

tavaratalo

ڈیپارٹمنٹ سٹور

kalakauppias

مچھیرے

ostoskeskus

شاپنگ سینٹر

satama

بندرگاہ

puisto

پارک

penkki

بینچ

silta

پل

portaat

سیڑھیاں

metro

انڈر گراؤنڈ

tunneli

ٹنل

linja-autopysäkki

بس سٹاپ

baari

بار

ravintola

ریسٹورنٹ

postilaatikko

پوسٹ بکس

katukyltti

سٹریٹ سائن

parkkimittari

پارکنگ میٹر

eläintarha

چڑیا کھار

uimala

سونمنگ پول

moskeija

مسجد

maatila

فارم

ympäristön saastuminen

آلودگی

hautausmaa

قبرستان

kirkko

چرچ

leikkikenttä

پلے گراؤنڈ

temppeli

مندر

maisema

منظر

lehti
پتہ

tienviitta
سائن پوسٹ

tie
راہ

niitty
سر سبز میدان

kivi
پتھر

puu
درخت

retkeilijä
بانکر

joki
دریا

ruoho
گھاس

kukka
پھول

laakso

وادی

vuori

پہاڑی

järvi

نہر

metsä

جنگل

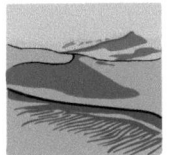

aavikko

صحرا

tulivuori

آتش فشاں

linna

قلعہ

sateenkaari

رین بو

sieni

کھمبی

palmu

پام ٹری

hyttynen

مچھر

kärpänen

مکھی

muurahainen

چیونٹا

mehiläinen

مکھی

hämähäkki

مکڑی

kovakuoriainen

بھونرا

sammakko

مینڈک

orava

گلہری

siili

سیہہ

jänis

ساھیا

pöllö

الو

lintu

پرندہ

joutsen

راج ہنس

villisika

نر سور

peura

ہرن

hirvi

بارہ سنگا

pato

ڈیم

tuulimylly

ونڈ ٹربائن

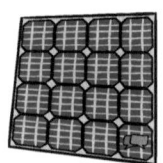

aurinkopaneeli

شمسی توانائی دا پینل

ilmasto

آب و ہوا

ravintola
ریسٹورنٹ

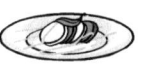

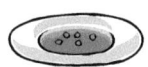

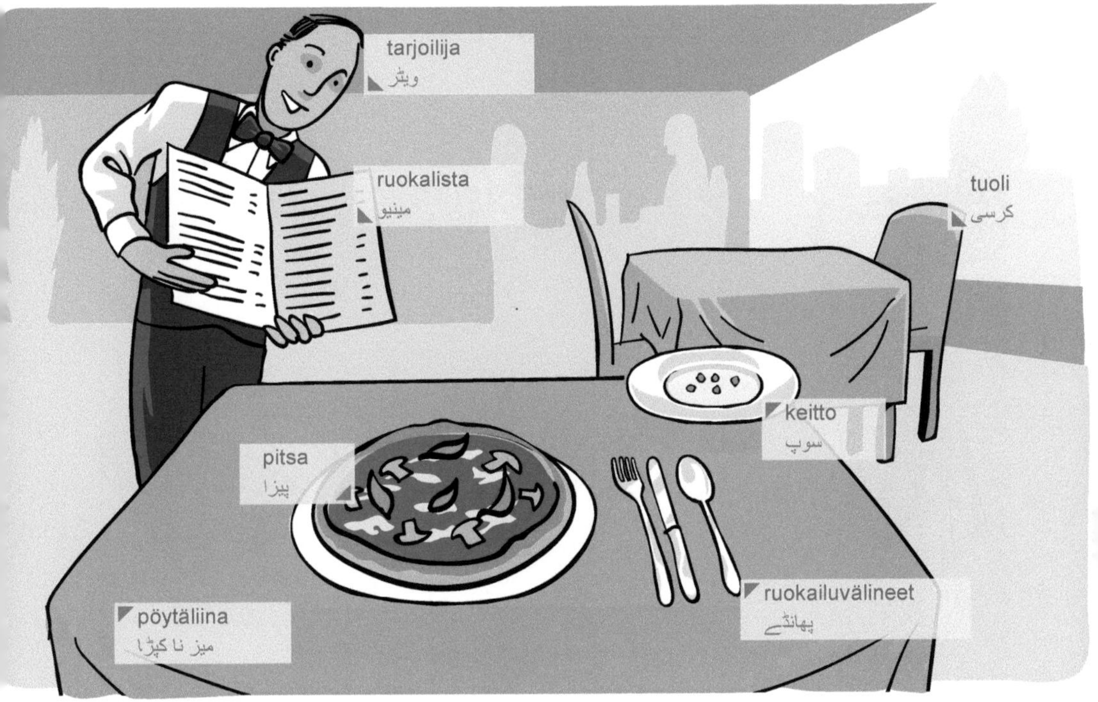
tarjoilija
ویٹر
ruokalista
مینیو
tuoli
کرسی
keitto
سوپ
pitsa
پیزا
ruokailuvälineet
پھانڈے
pöytäliina
میز نا کپڑا

alkuruoka

سٹارٹر

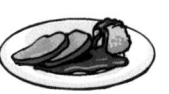

pääruoka

مین کورس

jälkiruoka

ڈیزرٹ

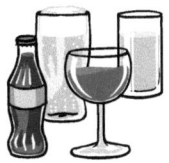

juomat

مشروب

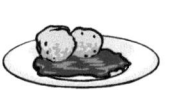

ruoka

کھانا

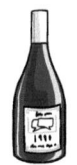

pullo

بوتل

pikaruoka

فاسٹ فوڈ

katuruoka

سٹریٹ فوڈ

teekannu

ٹی پاٹ

sokeriastia

شوگر بول

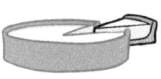

annos

پورشن

espressokeitin

اسپریسو مشین

syöttötuoli

ہائی چئیر

lasku

بل

tarjotin

ٹرے

veitsi

چھری

haarukka

کانٹا

lusikka

چمچ

teelusikka

ٹی سپون

servietti

تولیہ

lasi

گلاس

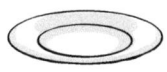

lautanen

پلیٹ

syvä lautanen

سوپ پلیٹ

aluslautanen

ساسر

kastike

چٹنی

suolasirotin

نمک دانی

pippurimylly

پیپر مل

etikka

سرکہ

öljy

تیل

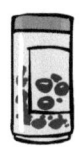

mausteet

مصالحہ

ketsuppi

کیچپ

sinappi

سرسپینوں

majoneesi

مینیز

supermarketti

سپر مارکیٹ

tarjous
سپیشل آفر
FOR
asiakas
گاہک
maitotuotteet
ڈیری
hedelmät
پھل
ostoskärryt
ٹرالی

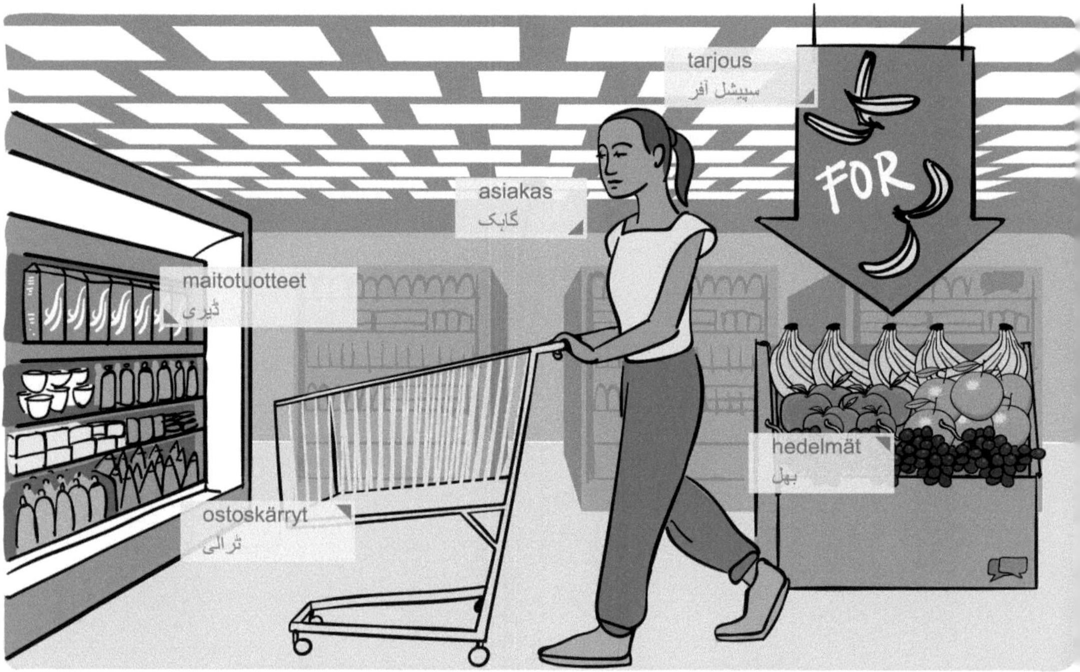

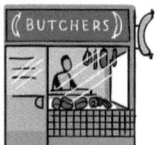

BUTCHERS

teurastamo

قصائی

BAKERY

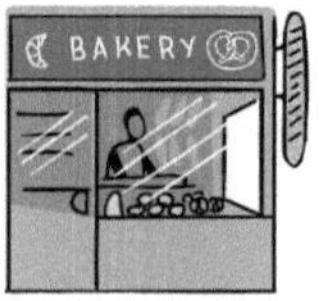

leipomo

بیکرز

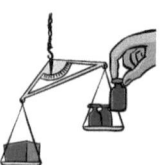

punnita

وزن

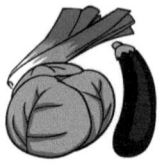

kasvikset

سبزیاں

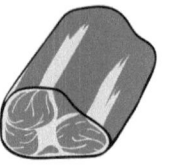

liha

گوشت

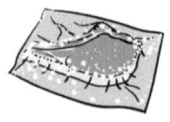

pakasteet

فروزن فوڈ

leikkele

کولڈ گوشت

säilykkeet

ٹن فوڈ

pesujauhe

واشنگ پوڈر

makeiset

مٹھائی

kotitaloustarvikkeet

گھار دیاں چیزاں

puhdistusaineet

صفائی آلی چیزاں

myyjä

سیل مین

kassa

ٹل

kassanhoitaja

کیشیئر

ostoslista

شاپنگ لسٹ

aukioloajat

کھلن دا ویلا

lompakko

پرس

luottokortti

کریڈٹ کارڈ

kassi

بیگ

muovipussi

پلاسٹک بیگ

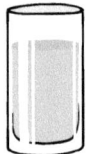

vesi

پانی

mehu

جوس

maito

ددھ

kokis

کوک

viini

شراب

olut

شراب

alkoholi

شراب

kaakao

کوکا

tee

چا

kahvi

کافی

espresso

اسپریسو

cappuccino

کپچینو

banaani

كيلا

omena

سيب

appelsiini

موسمبی

meloni

تربوز

sitruuna

نيمبو

porkkana

گاجر

valkosipuli

لہسن

bambu

بانس

sipuli

پیاز

sieni

كھمبی

pähkinät

میوے

spagetti

نوڈلز

spagetti

سپیگیٹی

riisi

چاول

salaatti

سلاد

ranskalaiset

چپس

paistetut perunat

تلے ہوئے آلو

pitsa

پیزا

hampurilainen

بیم برگر

voileipä

سینڈوچ

leike

تکے

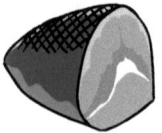

kinkku

بیم

salami

سلامی

makkara

ساسیج

kana

مرغی

paisti

بھنیا ہویا

kala

مچھی

kaurahiutaleet

جو نا دلیم

mysli

مولی

murot

کارن فلیکس

jauho

آٹا

voisarvi

کرائسنٹ

sämpylä

بریڈ رول

leipä

روٹی

paahtoleipä

ٹوسٹ

keksit

بسکٹ

voi

مکھن

rahka

دہی

kakku

کیک

kananmuna

انڈا

paistettu kananmuna

تلیا انڈا

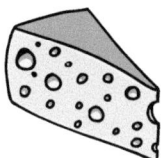

juusto

پنیر

ruoka - کھانا

25

jäätelö

آئس كريم

sokeri

چینی

hunaja

شہد

hillo

جام

suklaapähkinälevite

چاکلیٹ سپریڈ

curry

سالن

maatila
فارم باؤس

lato; liiteri
گودام

heinäpaali
ونٹا

pelto
جیویں

hevonen
گھوڑا

peräkärry
ٹرالی

traktori
ٹریکٹر

varsa
بچھیرا

aasi
کھوتا

karitsa
بھیڑ

lammas
بھیڈ

vuohi

بکری

lehmä

گاں

vasikka

بچھڑا

sika

سور

porsas

پگ لیٹ

sonni

بیل

hanhi

بطخ

ankka

بطخ

tipu

چوزه

kana

مرغی

kukko

مرغا

rotta

چوہا

kissa

بلی

hiiri

چوہا

härkä

بیل

koira

کتا

koirankoppi

کتے نا کھار

puutarhaletku

لان نا پائپ

kastelukannu

پانی نا ڈبی

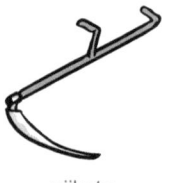

viikate

درانتی

aura

ہل

sirppi

درانتی

kuokka

ہو

talikko

ترنگل

kirves

کوہاڑی

kottikärryt

ریڑھی

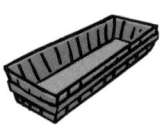

kaukalo

ڈونگا

maitokannu

دودھ کا ڈبہ

säkki

بورا

aita

باڑ

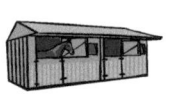

talli

اصطبل

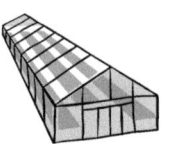

kasvihuone

گرین ہاؤس

maa

مٹی

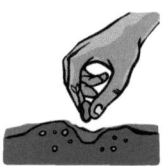

siemen

بیج

lannoite

کھاد

leikkuupuimuri

کمبائن ہارویسٹر

kerätä sato

فصل

sato

فصل

jamssit

يامز

vehnä

كنك

soija

سويا

peruna

آلو

maissi

مكئى

rypsi

تلى

hedelmäpuu

پھلدار درخت

maniokki

كاساوا

vilja

اناج

talo

کھار

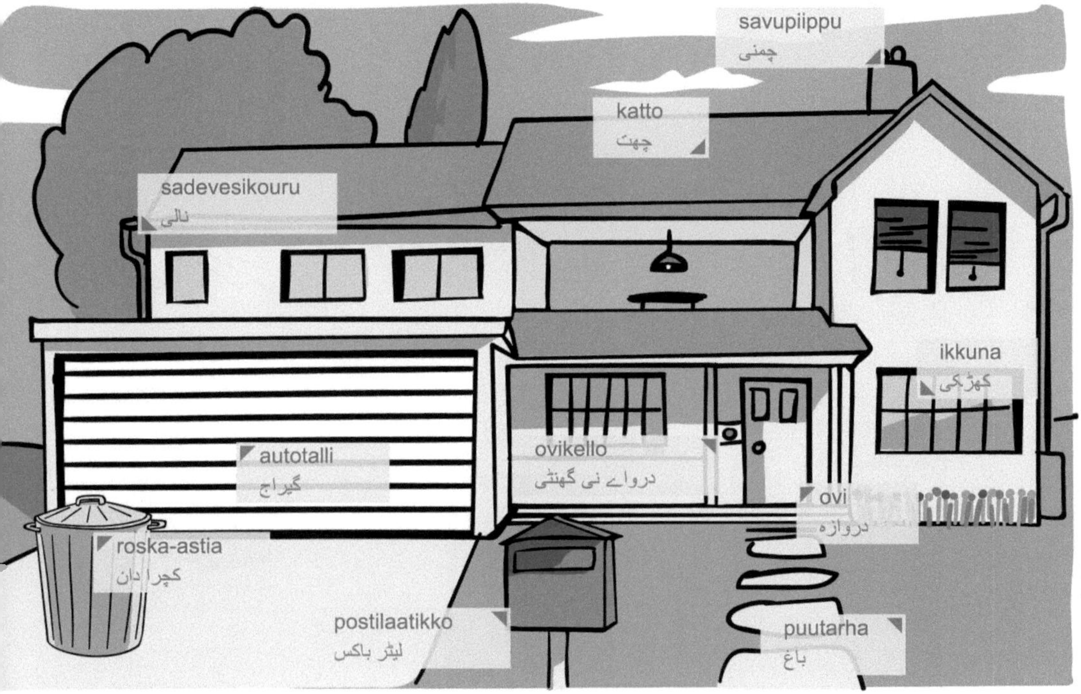
savupiippu
چمنی
katto
چھت
sadevesikouru
نالی
ikkuna
کھڑکی
ovikello
دروازے نی گھنٹی
autotalli
گیراج
ovi
دروازہ
roska-astia
کچرا دان
postilaatikko
لیٹر باکس
puutarha
باغ

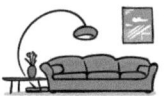

olohuone

لونگ روم

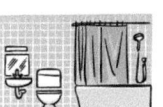

kylpyhuone

باتھ روم

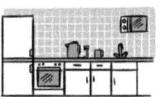

keittiö

باورچہ خانہ

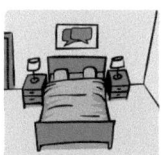

makuuhuone

بیڈروم

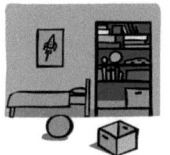

lastenhuone

بچیاں نا کمرہ

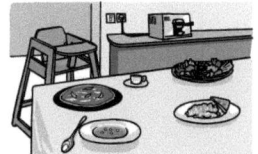

ruokahuone

ڈائننگ روم

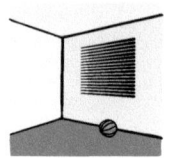

lattia

فرش

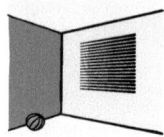

seinä

دیوار

katto

چهت

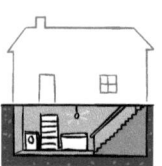

kellari

سلہا

sauna

سوانا

parveke

بالکنی

terassi

ٹیرس

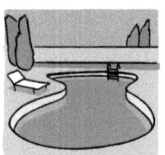

uima-allas

پول

ruohonleikkuri

لان موور

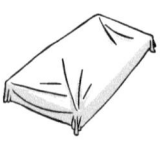

lakana

شیٹ

päiväpeitto

بیڈ سپریڈ

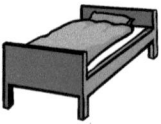

sänky

بیڈ

harja

جھاڑو

ämpäri

بالٹی

katkaisin

سویچ

olohuone
لونگ روم

tapetti
وال پیپر
kuva
تصویر
lamppu
لیمپ
hylly
شیلف
kaappi
الماری
televisio
ٹیلیویژن
takka
آگ دان
kukka
پھل
tyyny
کشن
sohva
صوفہ
maljakko
گلدان
kaukosäädin
ریموٹ کنٹرول

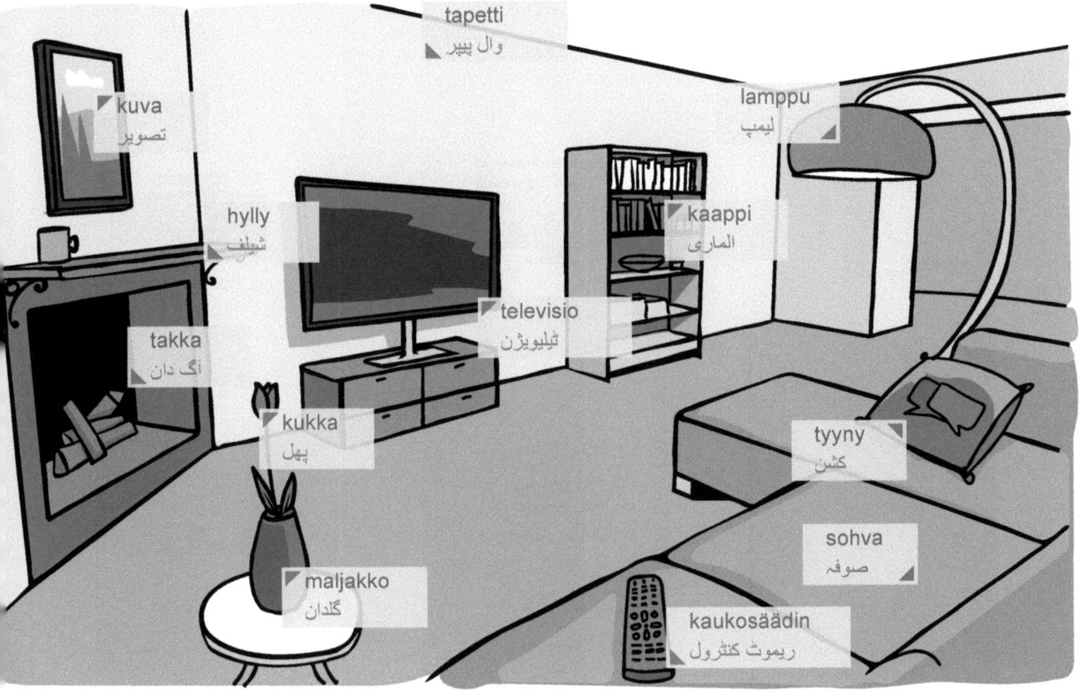

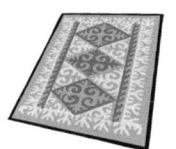

matto
قالین

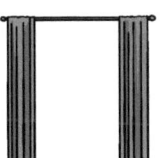

verho
پردے

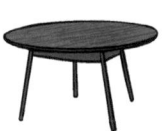

pöytä
میز

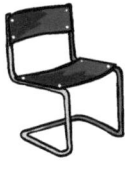

tuoli
کرسی

keinutuoli
راکنگ چئیر

nojatuoli
آرم چئیر

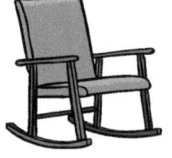

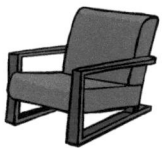

kirja

كتاب

peitto

كمبل

koriste

ڈیکوریشن

polttopuut

كولے

elokuva

فلم

stereot

ہائی فائی آلات

avain

چابی

sanomalehti

اخبار

maalaus

پینٹنگ

juliste

پوسٹر

radio

ریڈیو

muistivihko

نوٹ پیڈ

pölynimuri

بوور

kaktus

کیکٹس

kynttilä

موم بتی

keittiö

باورچہ خانہ

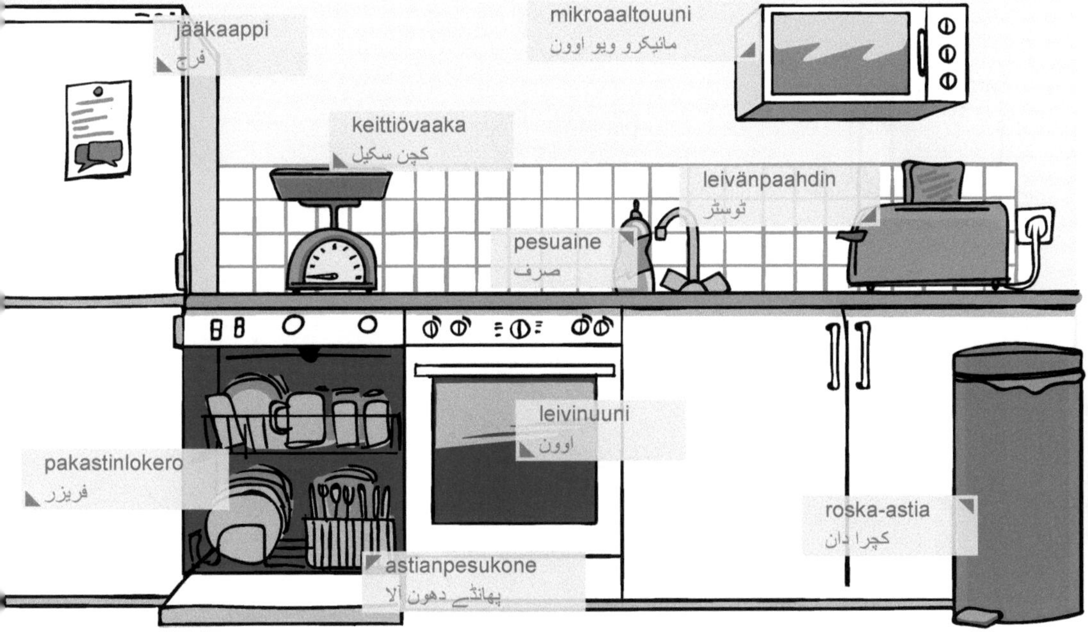
jääkaappi
فرج
mikroaaltouuni
مائیکرو ویو اوون
keittiövaaka
کچن سکیل
leivänpaahdin
ٹوسٹر
pesuaine
صرف
leivinuuni
اوون
pakastinlokero
فریزر
roska-astia
کچرا دان
astianpesukone
پھانڈے دھون آلا

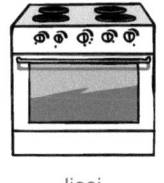

liesi

ککر

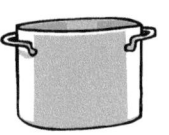

kattila

پاٹ

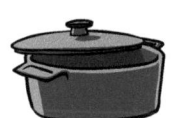

rautapata

کاسٹ آئرن پاٹ

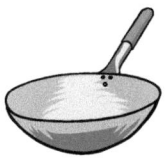

vokkipannu / kadai-pannu

ووک / کدائی

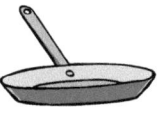

paistinpannu

پین

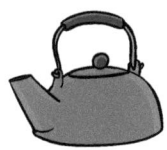

teepannu

کیتلی

höyrykeitin

سٹیمر

uunipelti

بیکنگ ٹرے

astiat

پھانڈے

muki

مگا

kulho

پیالہ

syömäpuikot

چوپ ستکس

kauha

کرچھل

paistinlasta

اسپالی

vispilä

پھینٹن آلا

siivilä

چھننا

siivilä

چھننی

raastin

جھاواں

mortteli

کھان پکان آلا چمچہ

grilli

باربی کیو

avotuli

چولھا

leikkuulauta

کٹنگ بورڈ

kaulin

رولنگ پن

korkinavaaja

کارک سکرو

purkki

کین

purkinavaaja

کین کھلون آلا

pannulappu

پاٹ پگڑن آلا

lavuaari

سنک

tiskiharja

برش

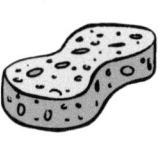

pesusieni

سپنج

tehosekoitin

بلینڈر

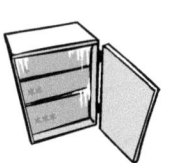

pakastin

ڈیپ فریزر

tuttipullo

بچے نی بوتل

vesihana

ٹوٹی

kylpyhuone
باتھ روم

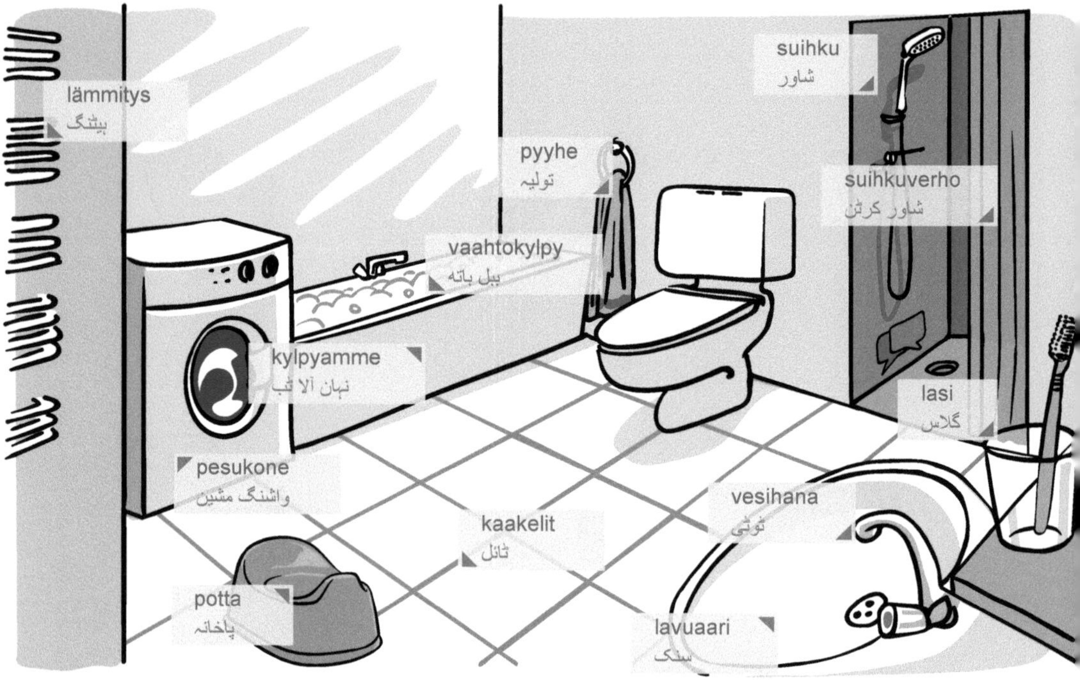
lämmitys
ہیٹنگ
suihku
شاور
pyyhe
تولیہ
suihkuverho
شاور کرٹن
vaahtokylpy
ببل باتھ
kylpyamme
نہان آلا ٹب
lasi
گلاس
pesukone
واشنگ مشین
vesihana
ٹوٹی
kaakelit
ٹائل
potta
پاخانہ
lavuaari
سنک

vessa

ٹوائلٹ

kyykkyvessa

ٹوائلٹ

bidee

بڈٹ

pisuaari

پیشاب

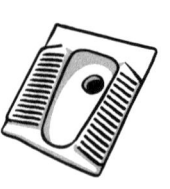

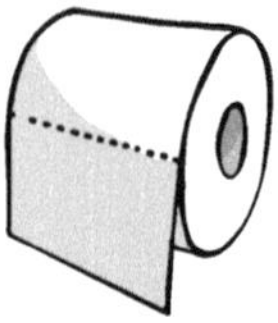

vessapaperi

ٹوائلٹ پیپر

vessaharja

ٹوائلٹ برش

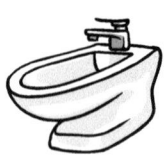

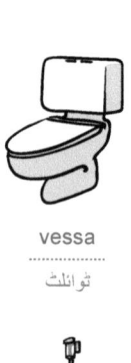

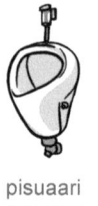

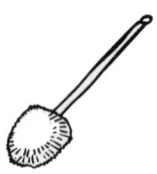

hammasharja

ٹوته برش

hammastahna

ٹوته پیسٹ

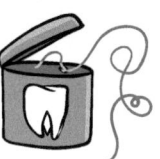

hammaslanka

ڈینٹل فلاس

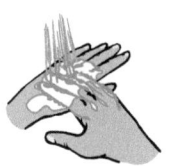

pestä

دهونا

käsisuihku

بته وچ پهڑن آلا شاور

intiimisuihku

شاور

pesuvati

بیسن

selkäharja

بیک برش

saippua

صابن

suihkugeeli

شاور جیل

shampoo

شیمو

pesulappu

فلالین

viemäri

نالی

voide

کریم

deodorantti

ڈیوڈرنٹ

peili

آئینہ

käsipeili

ہتھ آلا شیشہ

partaveitsi

استرا

partavaahto

شیونگ فوم

partavesi

آفٹر سیو

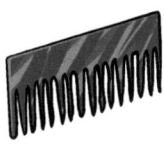

kampa

کنگھا

harja

برش

hiustenkuivaaja

ہئیر ڈرائر

hiuslakka

ہئیر سپرے

meikki

میک اپ

huulipuna

لپ سٹک

kynsilakka

ناخن نی وارنش

pumpuli

کاٹن وول

kynsisakset

ناخن کترز

hajuvesi

پرفیوم

kosmetiikkalaukku

واش بیگ

jakkara

پاخانہ

vaaka

وزن دا پیمانہ

kylpytakki

باتھ نی الماری

kumihansikkaat

ربر نے دستانہ

tamponi

بفر

terveysside

تولیہ سٹینڈ

kemiallinen wc

کیمیکل ٹوائلٹ

lastenhuone

بچیاں نا کمرہ

herätyskello
الارم کلاک
pehmolelu
کھڈونے
leikkiauto
کھڈونا گڈی
helistin
ھڑھڑ
nukkekoti
گڈی نا کھار
lahja
تحفہ

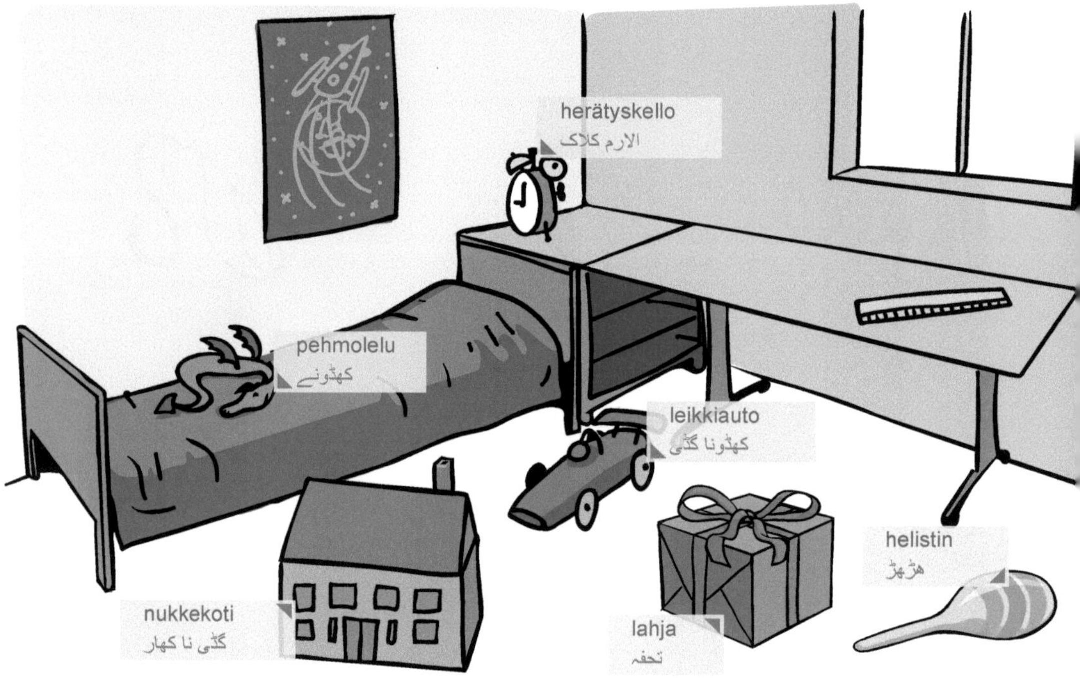

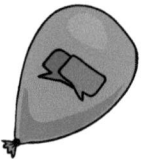

ilmapallo

پھکانا

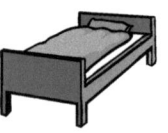

sänky

بیڈ

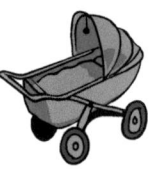

lastenvaunut

پرام

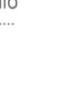

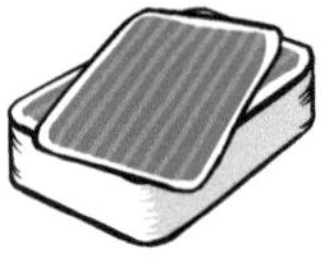

korttipeli

تاش نے پتے

palapeli

جگ سا

SUPER
MEGA

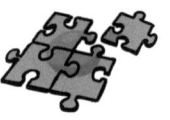

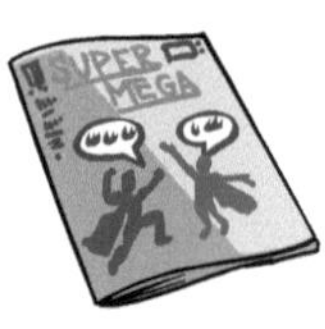

sarjakuva

کامک

legopalikat

لیگو بریکس

rakennuspalikat

بلڈنگ بلاکس

supersankari

کھڈونا

potkupuku

بےبی گرو

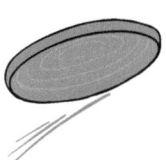

frisbee

فرزوی

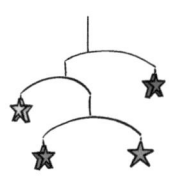

mobile

موبائل

lautapeli

بورڈ گیم

noppa

ڈائس

pienoisjunarata

ماڈل ٹرن سیٹ

tutti

ڈمی

juhlat

پارٹی

kuvakirja

تصویری کتاب

pallo

گیند

nukke

گڑیا

leikkiä

کھیڈنا

hiekkalaatikko

سینڈ پٹ

keinu

جھولا

lelut

کھلونے

pelikonsoli

ویڈیو گیم کنسول

kolmipyörä

ٹرائی سائیکل

nalle

ٹیڈی بنیر

vaatekaappi

الماری

vaatteet

کپڑے

sukat

جرابال

nylonsukat

جرابال

sukkahousut

ٹائٹس

kaulaliina سکارف

sateenvarjo چھتری

t-paita ٹی شرٹ

vyö بیلٹ

saappaat بوٹ

sisätossut سلیپر

lenkkarit جوگر

sandaalit	kengät	kumisaappaat
سینڈل	جوتی	ربر نے جوتی

alushousut	rintaliivit	aluspaita
انڈر ویئر	برا	بنیان

body
جسم

housut
پاجامہ

farkut
جینز

hame
سکرٹ

pusero
برا

paita
قمیض

villapaita
سوئیٹر

collegepaita
ہوڈی

jakku
کوٹ

takki
جیکٹ

takki
کوٹ

sadetakki
برساتی

puku
کاسٹیوم

mekko
کپڑے

hääpuku
شادی نا جوڑا

puku

سوٹ

yöpaita

راتے نے کپڑے

pyjama

پاجامہ

shari

ساڑھی

päähuivi

سکارف

turbaani

پگڑی

burka

برقعہ

kaftaani

کفتان

abaya

برقعہ

uimapuku

نہان والے کپڑے

uimahousut

انڈرونیر

shortsit

نیکر

verkkarit

ٹریک سوٹ

esiliina

دھوتی

käsineet

دستانے

nappi

بٹن

silmälasit

چشمہ

rannekoru

بریسلیٹ

kaulakoru

ہار

sormus

انگوٹھی

korvakoru

کنٹے

lippalakki

ٹوپی

ripustin

کوٹ ہینگر

hattu

ٹوپی

solmio

ٹائی

vetoketju

زپ

kypärä

ہیلمٹ

henkselit

بریسز

koulupuku

سکول نی وردی

univormu

وردی

ruokalappu

بب

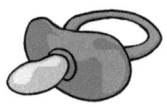

tutti

ڈمی

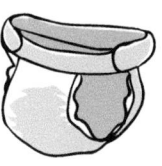

vaippa

ناپی

toimisto
دفتر

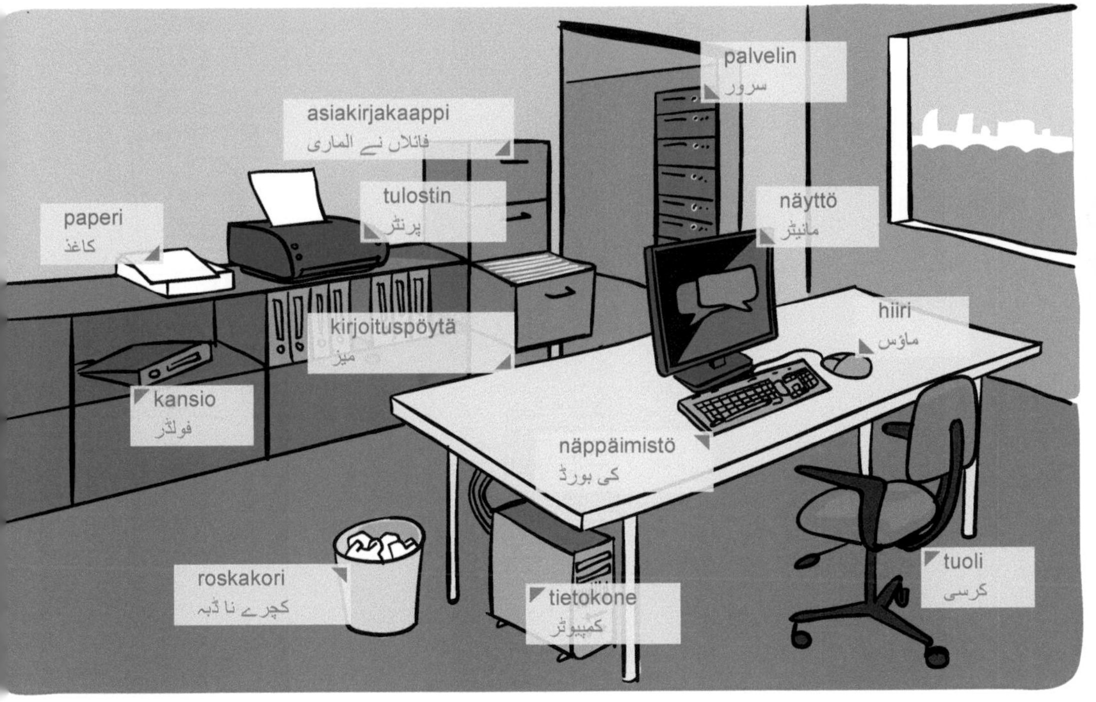

palvelin
سرور

asiakirjakaappi
فائلاں نے الماری

tulostin
پرنٹر

näyttö
مانیٹر

paperi
کاغذ

hiiri
ماؤس

kirjoituspöytä
میز

kansio
فولڈر

näppäimistö
کی بورڈ

roskakori
کچرے نا ڈبہ

tuoli
کرسی

tietokone
کمپیوٹر

kahvimuki

کافی مگ

taskulaskin

کیلکولیٹر

internet

انٹرنیٹ

kannettava tietokone

لیپ تاپ

kirje

خط

viesti

پیغام

kännykkä

موبائل

verkko

نیٹ ورک

kopiokone

فوٹو کاپئیر

ohjelmisto

سافٹ ونئیر

puhelin

ٹیلیفون

pistorasia

پلگ ساکٹ

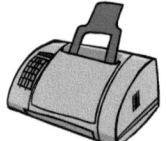

faksi

فکس مشین

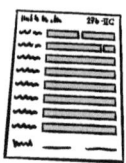

lomake

فارم

asiakirja

دستاویزات

ostaa

خریدنا

maksaa

ادا کرنا

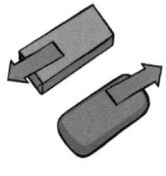

vaihtaa

تجارت

raha

پیسہ

dollari

ڈالر

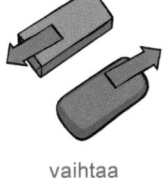

euro

یورو

jeni

ین

rupla

ربل

frangi

سویس فرانک

renminbi juan

رینمینبی یوان

rupia

روپیہ

pankkiautomaatti

کیش پوائنٹ

rahanvaihto

ایکسچینج دفتر

kulta

سونا

hopea

چاندی

öljy

تیل

energia

توانائی

hinta

قیمت

sopimus

معاہدہ

vero

ٹیکس

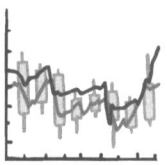

osake

سٹاک

työskennellä

کم

työntekijä

ملازم

työnantaja

آجر

tehdas

فیکٹری

liike

بٹی

ammatit

پیشہ

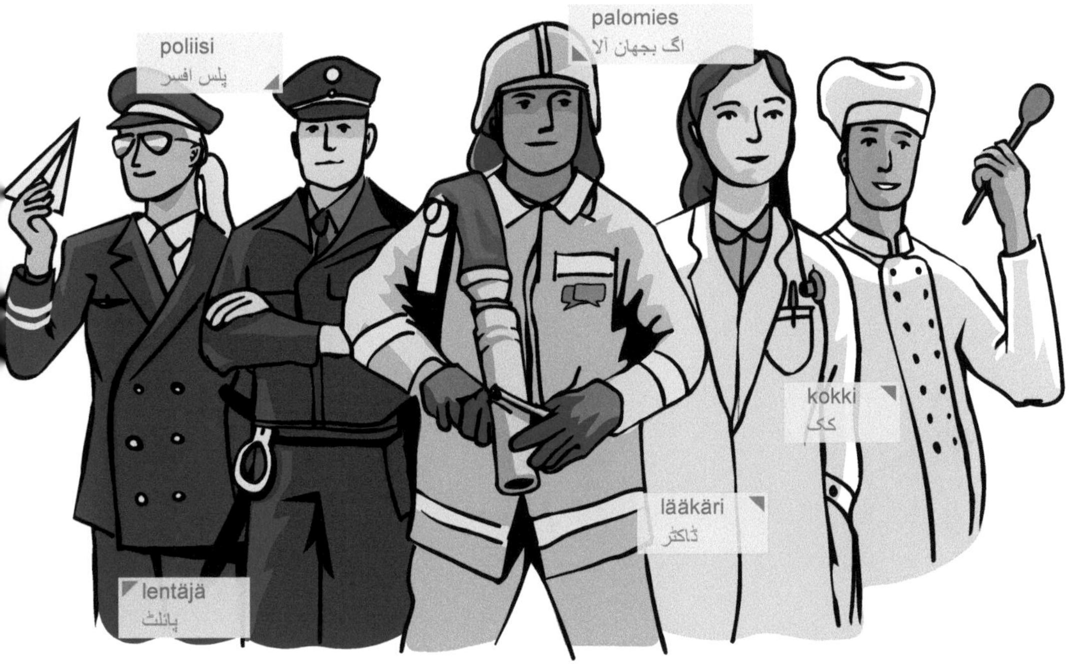
poliisi
پلس افسر
palomies
اگ بجھان آلا
kokki
کک
lääkäri
ڈاکٹر
lentäjä
پائلٹ

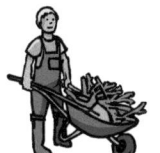

puutarhuri

مالی

puuseppä

برھئی

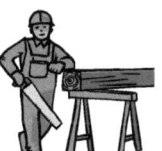

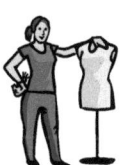

ompelija

درزن

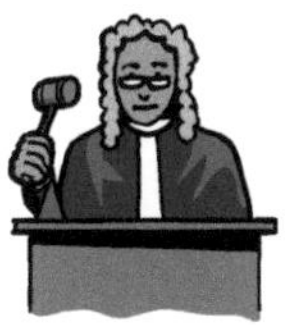

tuomari

جج

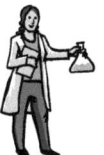

kemisti

کیمسٹ

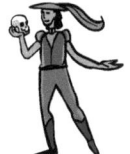

näyttelijä

ایکٹر

linja-autonkuljettaja

بس ڈرائیور

taksinkuljettaja

ٹیکسی ڈرائیور

kalastaja

مچھیرا

siivooja

صفائی آلی جنانی

katontekijä

روفر

tarjoilija

ویٹر

metsästäjä

شکاری

maalari

پینٹر

leipuri

بیکری آلا

sähköasentaja

الیکٹریشن

rakentaja

تعمیرات آلا

insinööri

انجینئر

teurastaja

قصائی

putkiasentaja

پلمبر

postinjakaja

پوسٹ مین

sotilas

سپاہی

arkkitehti

آرکیٹیکٹ

kassanhoitaja

کیشئیر

floristi

پھلاں آلا

kampaaja

نائی

konduktööri

کنڈکٹر

mekaanikko

مکینک

kapteeni

کپتان

hammaslääkäri

دندان ساز

tiedemies

سائنس دان

rabbi

ربانی

imaami

امام

munkki

راہب

pappi

انگریز

työkalut
ٹولز

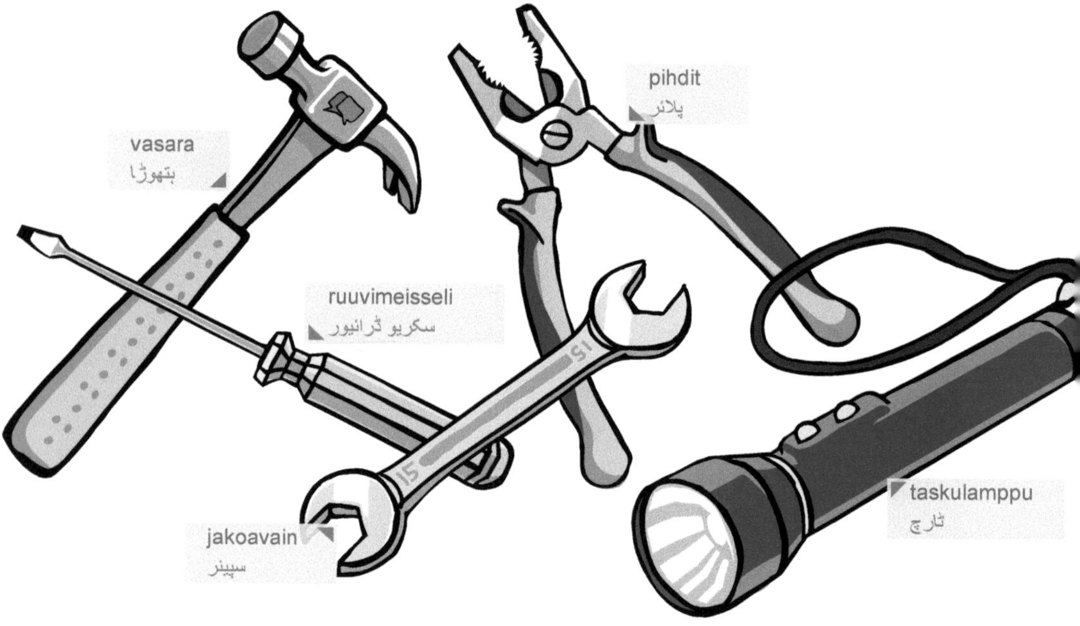

vasara
ہتھوڑا
pihdit
پلائر
ruuvimeisseli
سکریو ڈرائیور
jakoavain
سپینر
taskulamppu
ٹارچ

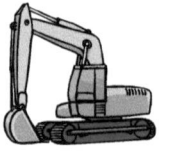

kaivinkone
پھاوڑا

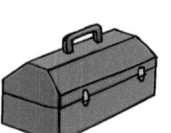

työkalupakki
ٹول باکس

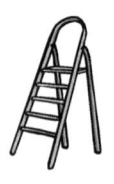

tikkaat
سیڑھی

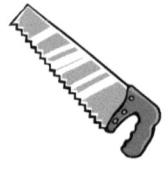

saha
آری

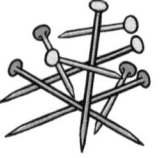

naulat
کیل

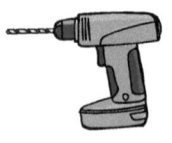

pora
ڈرل

korjata

مرمت

lapio

شاول

Hitto!

لعنت!

rikkalapio

ٹسٹ پین

maalipurkki

پینٹ پاٹ

ruuvit

سکریوز

soittimet

موسیقی نے آلات

kaiuttimet

لاؤڈ سپیکر

rummut

ڈرم کٹ

kitara

گٹار

kontrabasso

ڈبل بیس

trumpetti

نرسنگے

piano

پیانو

viulu

وائلن

basso

بیس

patarummut

ٹمپانی

rumpu

ڈرمز

kosketinsoitin

کی بورڈ

saksofoni

سیکزو فون

huilu

بانسری

mikrofoni

مائکروفون

tiikeri
چیتا

sisäänkäynti
داخلہ

häkki
پنجرہ

seepra
زیبرا

eläinten ruoka
جانوراں دا کھانا

panda
پانڈا

eläimet

جانور

norsu

ہاتھی

kenguru

کینگرو

sarvikuono

گینڈا

gorilla

گوریلا

karhu

ریچھ

kameli

اونٹ

strutsi

شترمرغ

leijona

شیر

apina

باندر

flamingo

فلیمنگو

papukaija

طوطا

jääkarhu

برفانی ریچھ

pingviini

پینگوئین

hai

شارک

riikinkukko

مور

käärme

سپ

krokotiili

مگرمچھ

eläintarhanhoitaja

چڑیا گھر دا رکھوالا

hylje

سیل

jaguaari

جیگوار

poni

پونی

leopardi

لیپرڈ

virtahepo

ہپو

kirahvi

زرافہ

kotka

چیل

villisika

نر سور

kala

مچھی

kilpikonna

کیچھوا

mursu

والرس

kettu

لومبڑ

gaselli

گیزل

amerikkalainen jalkapallo
امریکن فٹبال

pyöräily
سائکلنگ

tennis
ٹینس

koripallo
باسکٹ بال

uinti
سوئمنگ

nyrkkeily
باکسنگ

jääkiekko
آئس ہاکی

jalkapallo
فٹبال

sulkapallo
بیڈ منٹن

yleisurheilu
ایتھلیٹکس

käsipallo
ہینڈ بال

hiihto
سکیینگ

poolo
پولو

nauraa
بنستنا

hypätä
چھال مارنا

halata
چھپی پانا

kävellä
چلنا

laulaa
گانا گانا

unelmoida
خواب

rukoilla
دعا

suudella
بوسہ

kirjoittaa
لکھنا

piirtää
لیک لانا

näyttää
وکھانا

painaa
دھکا

antaa
دینا

ottaa
لینا

omistaa

بے وے

tehdä

کرنا

olla

ہو

seisoa

کھلونا

juosta

دوڑنا

vetää

چیھکنا

heittää

سٹنا

kaatua

ٹھینا

maata

جھوٹ

odottaa

انتظار

kantaa

چکنا

istua

بیھنا

pukeutua

کپڑے پانا

nukkua

سونا

herätä

جاگنا

katsoa

ویکھنا

itkeä

رونا/چلانا

silittää

سٹروک

kammata

کنگھا

puhua

گل کرنا

ymmärtää

سمجھنا

kysyä

پوچھنا/دسنا

kuunnella

سننا

juoda

پینا

syödä

کھانا

siivota

تیار ہونا

rakastaa

محبت

keittää

پکانا

ajaa

گڈی چلانا

lentää

اڈنا

purjehtia

سمندری سفر

laskea

کیلکولیٹ

lukea

پڑھنا

oppia

سیکھنا

työskennellä

کم

mennä naimisiin

شادی

ommella

سیونا

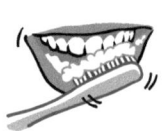

pestä hampaat

دند صاف

tappaa

قتل

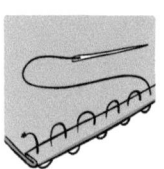

tupakoida

دھواں

lähettää

بھیجنا

mummo
دادی

ukki
دادا

isä
پیو

äiti
ماں

vauva
بچہ

tytär
دھی

poika
پتر

vieras

مہمان

täti

ماسی / پھو

setä

چاچا/ماما

veli

بھرا

sisko

بہن

vartalo

جسم

otsa
متھا
silmä
اکھ
olkapää
منڈھے
sormet
انگلی
kasvot
منہ
leuka
ٹھوڑی
käsi
ہتھ
rinta
چھاتی
jalka
لت
käsivarsi
بانہ

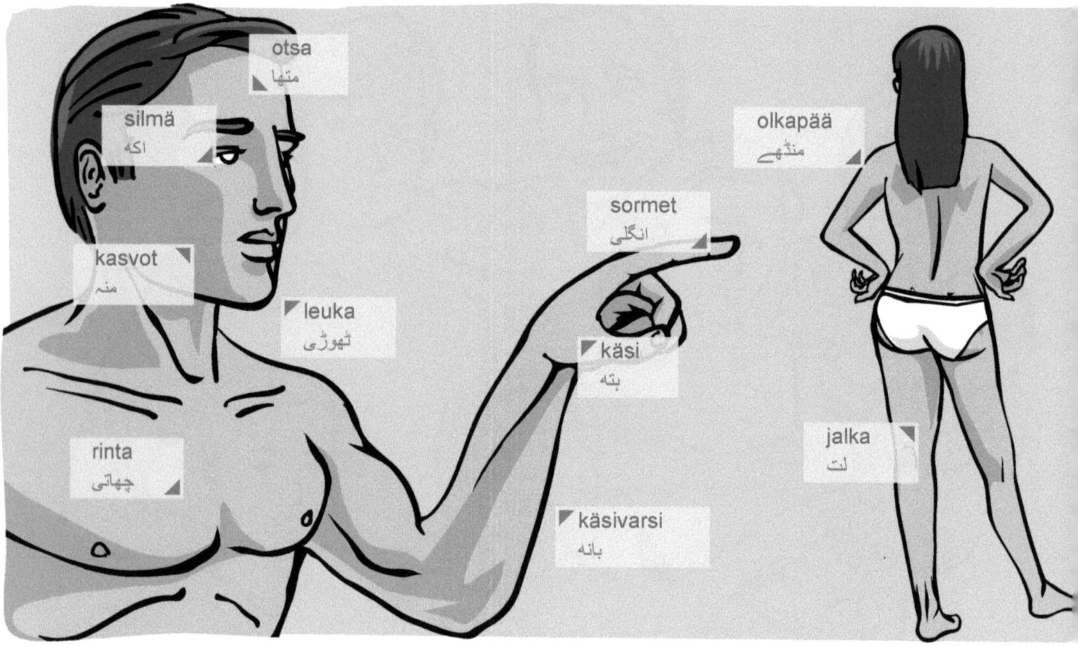

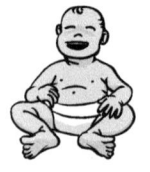

vauva

بچہ

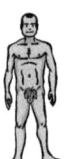

mies

بندہ

nainen

جنانی

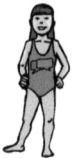

tyttö

کڑی

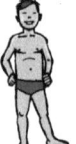

poika

مڑا

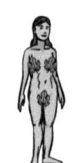

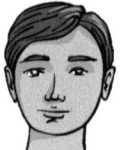

pää

سر

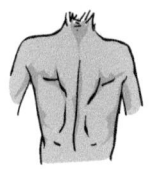

selkä

کمر

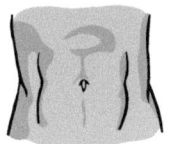

maha

تِهڈ

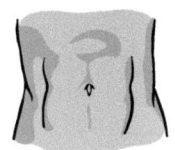

napa

تھنی

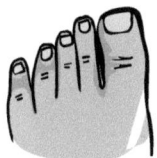

varvas

پنجہ

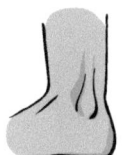

kantapää

اڈی

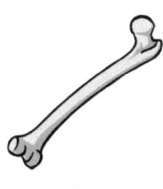

luu

بڈم

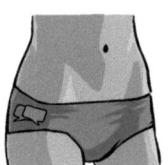

lantio

کولہے

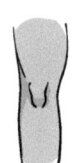

polvi

گوڈے

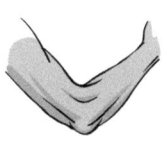

kyynärpää

کہنی

nenä

نک

takapuoli

زیر جامہ

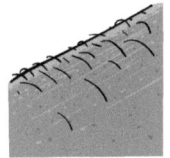

iho

کھل

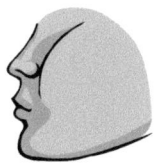

poski

گلاں

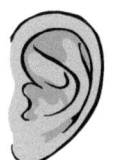

korva

کن

huuli

بل

suu

منہ

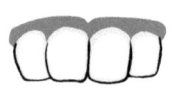

hammas

دند

kieli

زبان

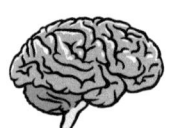

aivot

دماغ

sydän

دل

lihas

پٹھے

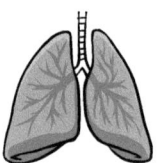

keuhkot

پھیپھڑے

maksa

جگر

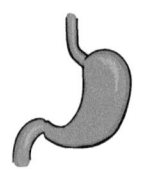

vatsa

ٹھڈ

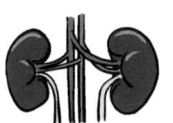

munuaiset

گردے

seksi

جنس

kondomi

کنڈم

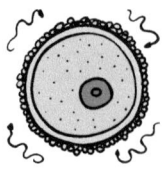

munasolu

انڈے

sperma

منی

raskaus

حمل

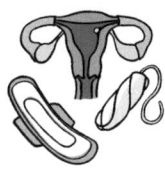

kuukautiset

حیض

vagina

اندام نہانی

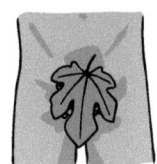

penis

عضو تناسل

kulmakarvat

بھوں

hiukset

بال

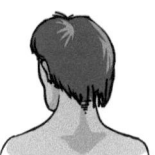

niska

گردن

sairaala

هسپتال

sairaala
هسپتال
ambulanssi
ایمبولنس
pyörätuoli
وھیل چئیر
murtuma
فریکچر

läākäri

ڈاکٹر

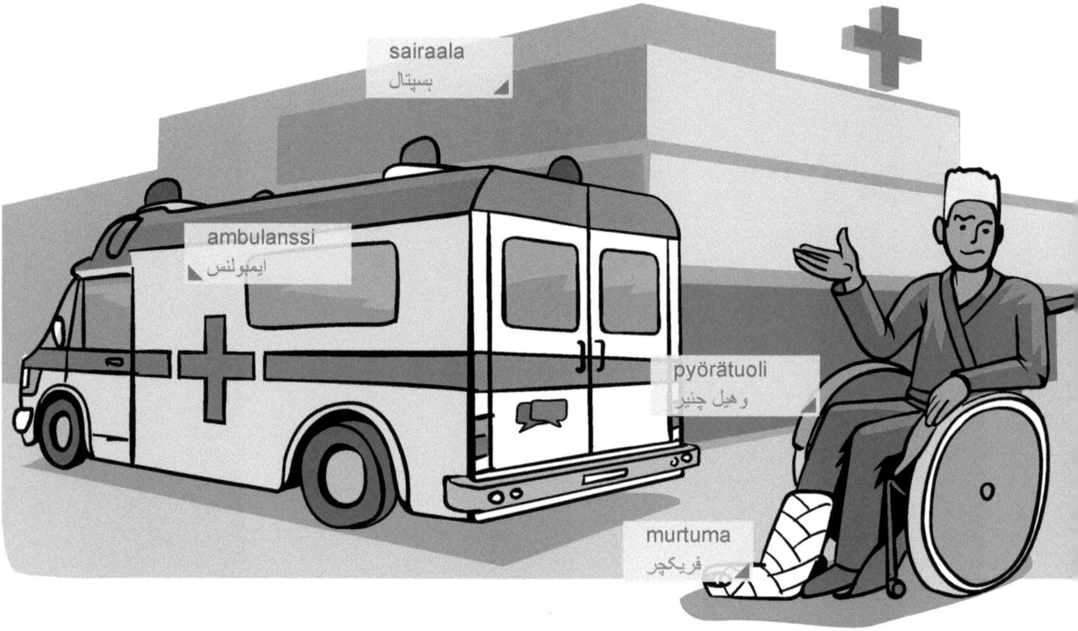

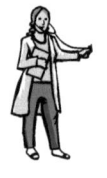

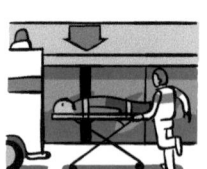

ensiapu

ہنگامی کمرہ

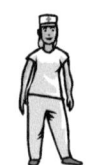

sairaanhoitaja

نرس

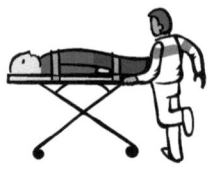

hätätilanne

ایمرجنسی

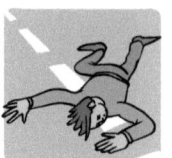

tajuton

بے ہوش

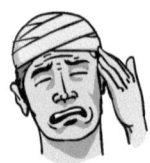

kipu

درد

vamma

سٹ

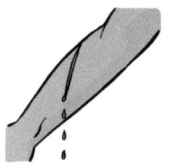

verenvuoto

خون نکلنا

sydänkohtaus

دل نا دورہ

aivoinfarkti

فالج

allergia

الرجی

yskä

کھنگ

kuume

تپ

flunssa

نزلہ

ripuli

اسہال

päänsärky

سر درد

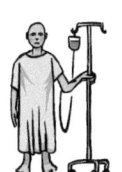

syöpä

کینسر

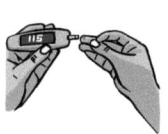

diabetes

شوگر(ذیابطیس)

kirurgi

سرجن

veitsi

سکیلپیل

leikkaus

آپریشن

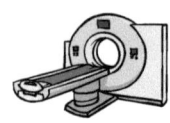

ct

سی ٹی

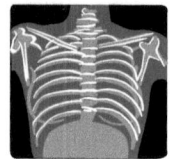

röntgen

ایکسرے

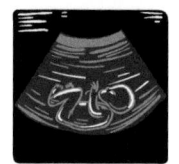

ultraääni

الٹرا ساؤنڈ

maski

چہرے نا ماسک

sairaus

بماری

odotushuone

انتظار گاہ

sauva

بیساکھی

laastari

پلستر

side

پٹی

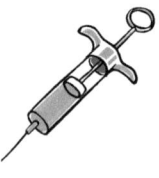

pistos

ٹیکہ

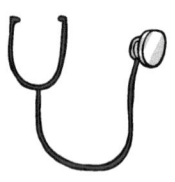

stetoskooppi

سٹیتھوسکوپ

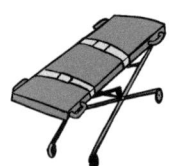

paarit

اسٹریچر

kuumemittari

کلینکل تھرمومیٹر

syntymä

پیدائش

ylipaino

زائدالوزن

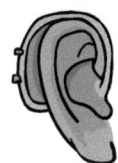

kuulolaite

سنن لئی آله

desinfiointiaine

جراثيمم كش

infektio

متعدی مرض

virus

وائرس

HIV / AIDS

HIV/AIDS

lääke

دوائی

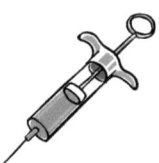

rokotus

ویکسینیشن

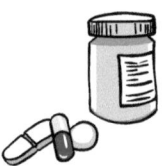

tabletit

گولیاں

pilleri

گولی

hätäpuhelu

بنگامی کال

verenpainemittari

بلڈ پریشر مانیٹر

sairas / terve

بیمار / صحتمند

Apua!

مدد!

ryöstö

حمله

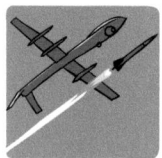

hälytys

الارم

vaara

خطره

hätäuloskäynti

بنگامی اخراج

hyökkäys

حمله

palosammutin

آگ بجاهن والا آله

onnettomuus

حادثه

Tulipalo!

آگ!

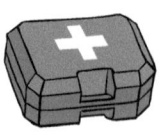

ensiapulaukku

فرسٹ ایڈ کٹ

SOS

SOS

poliisilaitos

پلس

Eurooppa

يورپ

Pohjois-Amerikka

شمالی امریکه

Etelä-Amerikka

جنوبی امریکه

Afrikka

أفريقه

Aasia

ايشياء

Australia

آستريليا

Atlantin valtameri

اتلانتک

Tyynimeri

پيسيفک

Intian valtameri

بحيره هند

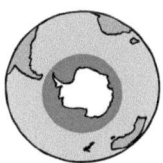

Eteläinen jäämeri

بهيره انتاركتک

Pohjoinen jäämeri

بهيره آركتيک

pohjoisnapa

قطب شمالی

etelänapa

قطب جنوبی

Antarktis

انٹارکٹیکا

maa

زمین

maa

خُشکی

meri

سمندر

saari

جزیره

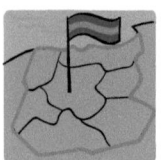

kansa

قوم

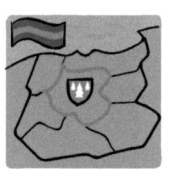

osavaltio

ریاست

kellotaulu

کلاک فیس

tuntiviisari

نکی سوئی

minuuttiviisari

وٹی سوئی

sekuntiviisari

سیکنڈ ہینڈ

Paljonko kello on?

کی ٹائم ہویا اے؟

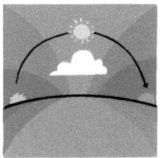

päivä

دن

aika

وقت

nyt

ہون

digitaalikello

ڈیجیٹل گھڑی

minuutti

منٹ

tunti

گھنٹہ

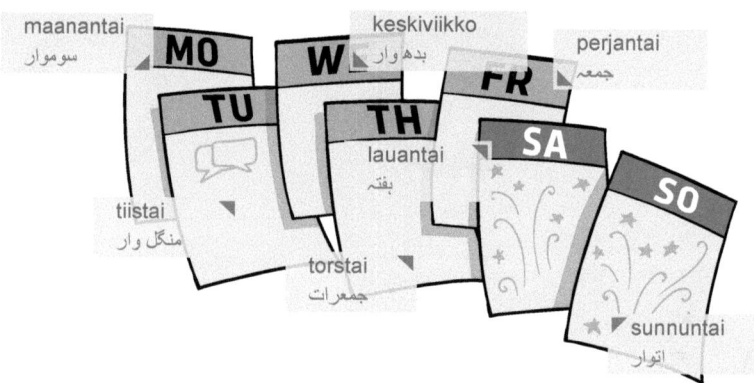

maanantai
سوموار

keskiviikko
بدھ وار

perjantai
جمعہ

MO
W
FR

TU
TH
SA

lauantai
ہفتہ

tiistai
منگل وار

torstai
جمعرات

SO

sunnuntai
اتوار

eilen
کل

tänään
اج

huomenna
کل

aamu
سویر

keskipäivä
دوپہر

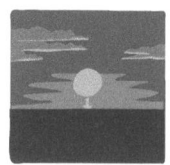

ilta
شام

työpäivät
کاروباری دن

viikonloppu
ویک اینڈ

vuosi

سال

sade
بارش
sateenkaari
رین بو
tuuli
ہوا
lumi
برف
kevät
بہار
syksy
خزاں
kesä
گرمی
talvi
سردی

4.APRIL 11°
5.APRIL 4°
6.APRIL 13°
7.APRIL 8°
8.APRIL 10°

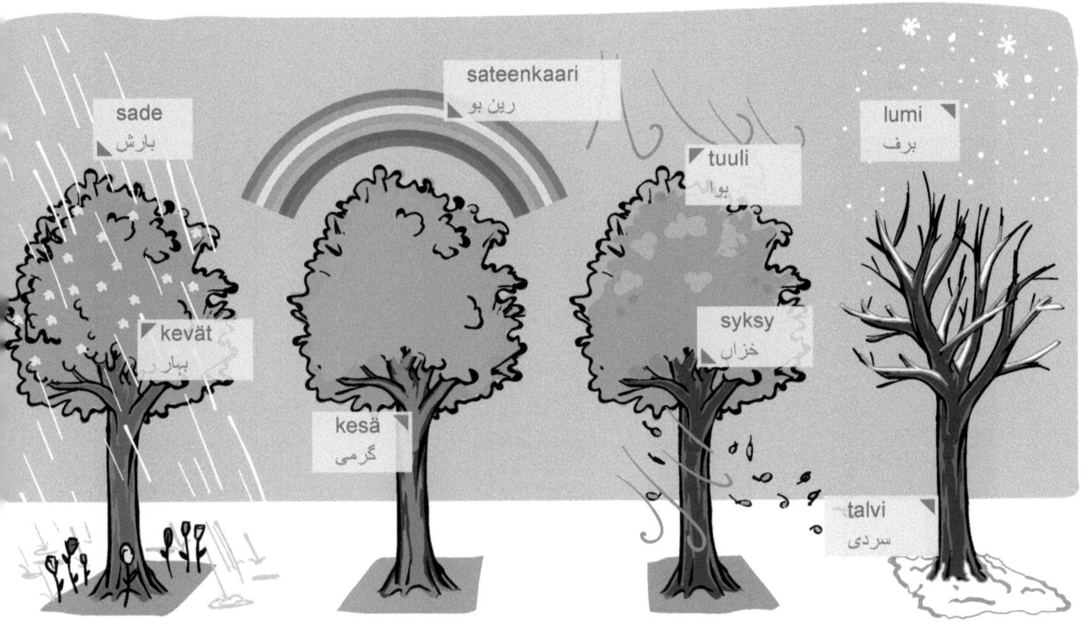

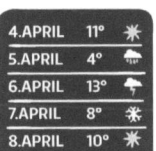

sääennuste

موسمی پیشگوئی

F C
120 40
90 30
60 20
30 10
0 0
-30 -10
-20

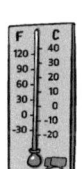

lämpömittari

تھرمامیٹر

auringonpaiste

سورج نے چمک

pilvi

بدل

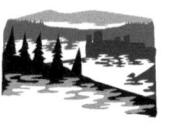

sumu

دھند

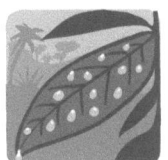

ilmankosteus

نمی

salama

بجلی کڑکنا

ukkonen

گرج

myrsky

نھیری

rae

اولے

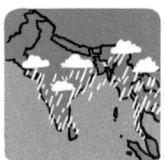

monsuuni

ساون

tulva

سیلاب

jää

برف

tammikuu

جنوری

helmikuu

فروری

maaliskuu

مارچ

huhtikuu

اپریل

toukokuu

مئی

kesäkuu

جون

heinäkuu

جولائی

elokuu

اگست

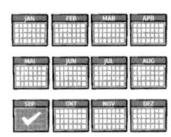

syyskuu
ستمبر

lokakuu
اكتوبر

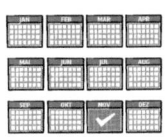

marraskuu
نومبر

joulukuu
دسمبر

muodot
شكلاں

ympyrä
گول

neliö
چوكور

suorakulmio
مستطيل

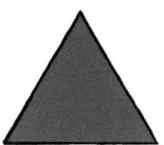

kolmio
مثلث

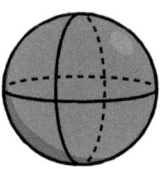

pallo
دائره نما

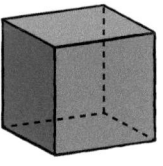

kuutio
مكعب

valkoinen

چٹا

keltainen

پیلا

oranssi

نارنجی

vaaleanpunainen

گلابی

punainen

رتا

violetti

جامنی

sininen

نیلا

vihreä

ہرا

ruskea

کتھنی

harmaa

سرمئی

musta

کالا

paljon / vähän
....
زیاده / گھٹ

vihainen / ystävällinen
....
ناراض / پرسکون

kaunis / ruma
....
خوبصورت / بدصورت

alku / loppu
....
ابتداء / اختتام

suuri / pieni
....
وڈا / نکا

vaalea / tumma
....
روشن / نهيرا

veli / sisko
....
بھرا / بہن

puhdas / likainen
....
صاف / گندا

täydellinen / epätäydellinen
....
مکمل / نا مکمل

päivä / yö
....
دن / رات

kuollut / elävä
....
مرده / انده

leveä / kapea
....
چوڑا / تنگ

syötävä / syömäkelvoton

خوردنی / ناقابل خوردنی

paha / kiltti

پهیڑا / چنگا

innostunut / tylsistynyt

خوش / ناخوش

lihava / laiha

موٹا / پتلا

ensimmäinen / viimeinen

پہلا / أخری

ystävä / vihollinen

دوست / دشمن

täysi / tyhjä

بهریا / خالی

kova / pehmeä

سخت / نرم

painava / kevyt

بهاری / ہلکا

nälkä / jano

بهوک / پیاس

sairas / terve

بیمار / صحتمند

laiton / laillinen

قانونی / غیر قانونی

älykäs / tyhmä

ذہین / بیوقوف

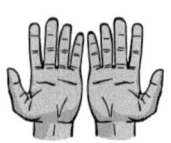

vasen / oikea

کھبا / سجا

lähellä / kaukana

کولے / دور

uusi / käytetty

نواں / پرانا

ei mitään / jotain

کچہ نئیں / سب کچہ

vanha / nuori

بڈھا / جوان

päällä / pois päältä

کھولنا / بند کرنا

auki / kiinni

کھولنا / بند کرنا

hiljainen / äänekäs

خاموشی / شور

rikas / köyhä

امیر / غریب

oikein / väärin

درست / غلط

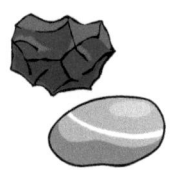

karhea / sileä

کھردرا / ہموار

surullinen / iloinen

افسردہ / خوش

lyhyt / pitkä

نکا / لما

hidas / nopea

آہستہ / تیز

märkä / kuiva

گیلا / خشک

lämmin / viileä

گرم / ٹھنڈا

sota / rauha

جنگ / امن

0

nolla

صفر

1

yksi

اک

2

kaksi

دو

3

kolme

تن

4

neljä

چار

5

viisi

پنج

6

kuusi

چه

7

seitsemän

ست

8

kahdeksan

اٹھ

9

yhdeksän

نو

10

kymmenen

دس

11

yksitoista

یاراں

12
kaksitoista
باران

13
kolmetoista
تيران

14
neljätoista
چودا

15
viisitoista
پندره

16
kuusitoista
سوله

17
seitsemäntoista
ستاران

18
kahdeksantoista
اٹھاران

19
yhdeksäntoista
انيہ

20
kaksikymmentä
وی

100
sata
سو

1.000
tuhat
ہزار

1.000.000
miljoona
ملين

englanti

انگریزی

amerikanenglanti

امریکی انگریزی

mandariinikiina

چینی مینڈیرین

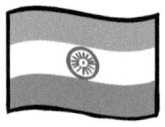

hindi

ہندی

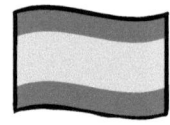

espanja

سپینش

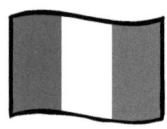

ranska

فرینچ

arabia

عربی

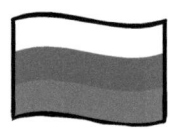

venäjä

رشئین

portugali

پرتگالی

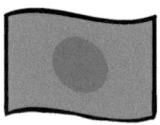

bengali

بنگالی

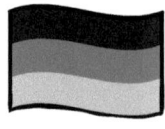

saksa

جرمن

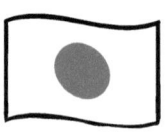

japani

جاپانی

minä

میں

sinä

تُوں

hän

وہ/او/یہ/ایہہ

me

اسیں

te

تُوں

he

او

kuka?

کون؟

mitä / mikä?

کی؟

miten?

کیوں؟

missä?

کتھے؟

milloin?

کدوں؟

nimi

ناں

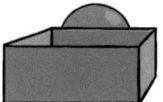

takana

پچھے

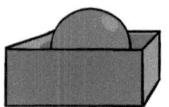

sisällä

وچ

edessä

نے سامنے

yläpuolella

تے

päällä

تے

alapuolella

ہیٹ

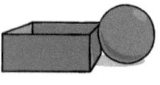

vieressä

سوا

välissä

مابین

paikka

جگہ